AF359930

LA DEFFENCE DES DAMES,

OV BIEN RESPONCE AV LIVRE

intitulé, Queſtion Chreſtienne touchant le Ieu.

Addreßé aux Dames de Paris.

Par le ſieur de la FRANCHISE.

A PARIS,

De l'Imprimerie de PIERRE TARGA, ruë
ſainct Victor au Soleil d'Or.

M. DC. XXXIV.

Auec Permißion.

La Deffence des Dames, ou bien Responce au Liure intitulé, Question Chrestienne touchant le Ieu.
Addressé aux Dames de Paris.

Es Romans sont pleins d'exemples d'vne coustume religieusement obseruée de toute l'Antiquité, que lors qu'vne Dame estoit accusée de quelque crime, il se presentoit vn Cheualier qui à la pointe de l'espée soustenoit sa cause & entreprenoit sa deffence, & le succez de son duel contre l'accusateur estoit la decision du different. Ie parois maintenant sur les rangs, non pas pour la deffence d'vne Dame, mais de plusieurs: non pas

l'espée, mais la plume à la main:
contre vn fantosme qui ne se fait
connoistre que dans ses escrits
iniurieux, plus dignes de mespris
que de refutation. Nostre combat ne sera ny perilleux ny san-
glant, & tous les habiles gens
iugeront à qui demeurera l'auan-
tage.

Il n'y a rien de plus specieux
que de parler de l'honneur de
Dieu, du chemin du salut, & du
blâme du vice; mais aussi faut-il
auoüer que c'est vn crime punissable de se seruir du masque de
deuotion pour executer ses pas-
sions; ou pour tacher la reputa-
tion de nostre prochain contre la-
quelle il nous est mesme deffen

du de faire des iugemens teme-
raires. L'Autheur du Liuret intitulé Queſtion Chreſtienne touchant le Ieu, porte des-ja ſa con-
demnation par le deguiſement de
ſon nom. Si le ſeul changement
d'habits a donné couleur, ou pluſtoſt a ſeruy d'vn des chefs de la
cõdemnation de la Pucelle d'Or-
leans, combien eſt-ce vn plus
grand crime de ſe changer de
nom ? cy noſtre homme a peur
de ſe faire connoiſtre il n'y a que
les Hapelourdes que l'on debite
ſous la cappe : Et quand vn pere
n'oſe auoüer ſes enfans, il faut
qu'il y reconnoiſſe de notables
deffauts. S'il parle en predicateur
& auec autant de zele qu'il en fai-

semblant, il ne faut point qu'il s'habille en masque pour monstrer le chemin de Paradis; sainct Paul & les autres Apostres n'ont iamais emprunté dans leurs escrits des noms faicts à plaisir : & s'il a eu dessein de faire vn Pasquin, il luy faut dépoüiller ce manteau de deuotion; & le traiter selon son merite. Par vne nouuelle Theologie ce charitable calomniateur nous fait du Ieu, vn huictiesme peché mortel & l'habille de circonstances imaginaires & supposées pour decrier les actions, & l'innocente conduite de plusieurs Dames de qualité, dont la vie pourroit seruir d'exemple à la plus-part de celles de

leur ſexe. Ie m'eſtonne puiſqu'il
a tant de ferueur & de bonnes
intentions : d'où vient qu'en vn
ſiecle ſi plein de corruption comme eſt le noſtre, il n'employe ſon
eloquence à combatre les vices
au lieu de s'attacher à vne choſe
indifferente. Il me ſemble que ie
voy le reproche que font les Pha-
riſiens à noſtre Seigneur , dans
l'Euangile , que ſes Diſciples ne
lauoient pas leurs mains auant
que ſe mettre à table : Veritablement c'eſt auoir l'eſprit bien deli-
cat ou bien oyſif, ſi ce n'eſt que
l'on veuille dire qu'il a ſuiuy l'e-
xemple de long temps pratiqué
dans la Republique Romaine, par
ceux qui cherchoient de s'acque.

A iiij

rir de la gloire aux defpens des plus grands perfonnages, & des plus vertueux, contre lefquels ils forgeoient des accufations. Le Ieu fait en quelque forte partie de la conuerfation & du diuertif-fement, & ne peut eftre blâmé que par l'excez, non plus que le manger en compagnie, les pro-menades,&autres chofes fembla-bles, fi ce n'eft qu'il aporte quel-que fcandale, ou que nous y foyons portez par quelque mau-uaife intention;& de ce dernier il n'yaqueDieuqui puiffe en eftre le Iuge, luy qui penetre feul dans le fecret de nos penfées. Il eft vray que le fantofme que i'ay à com-batre fe pretend fondé en reuelation quand il parle en Prophete difant, qu'il s'eft fenty forcé interieurement à faire ce bel ouurage, depuis que Dieu luy a fait connoiftre que le Ieu eftoit ce qui empefche aux Dames de faire leur falut. Ie luy demanderois volontiers s'il a veu Dieu dans le buiffon ardent comme Moyfe, ou s'il luy a parlé comme anciennement au grand Preftre dans le propitiatoire? ou bien, fi comme les Difciples il a veu Iefus-Chrift transfiguré fur la Montagne de Thabor? car nonobftant que nous fçachions bien que la main de Dieu n'eft pas racourcie, nous ne fommes pas obligez à croire tous les petits miracles que certains cerueaux creux se figurent, & ausquels les noires vapeurs d'vne rate pourrie fournissent des imaginations plus extrauagantes que les grotesques des peintres. Il ne faut point d'argument pour nous prouuer que rien ne nous doit estre plus recommandable que nostre salut, que le Ciel nous est bien plus precieux que la terre, & que nous deuons fuir ce qui nous destourne de ce chemin : Nous sçauons fort bien encore que ce seroit mieux faict de prier Dieu que de ioüer, ce n'est pas à dire pourtant qu'vn Chrestien soit obligé de prier eternellement : nostre Seigneur Iesus-Christ mesme compatissant à nostre infirmité ; nous l'apprend, quand il dit à ces Apostres qui luy demandent vne instruction pour la priere , lors que vous priez , ne vous amusez pas à de longs discours comme les Gentils : mais dites ainsi & leur laissa en suite l'Oraison Dominicale. Les religions les plus reformées n'ont elles-pas encore certaines heures destinées à la recreation pour donner relasche à l'esprit ? ce bon Seigneur ne durera pas il est trop violent , il se prend trop asprement à censurer les actions d'autruy , & pour dire quelque chose hors du commun; il s'essloigne du sens cōmun. Par la suitte de ses argumens l'on

pourroit conclure, tout de mefme qu'il ne faut point vifiter fes
amis, à caufe qu'il vaut mieux aller
dans les Eglifes. Mais voicy tan-
toft les cierges allumez, ie penfe
que c'eft ce que noftre Autheur
a voulu entendre quand il dit qu'il
àtant ramaffé de lumieres, ie con-
feffe qu'elles font bien petites, ou
que i'ay la veuë bien trouble : car
i'ouure les yeux tant qu'il m'eft
poffible, & fi ie n'en ay pas encor
veu vne auffi grande que la bou-
gie d'vne ventoufe. Poffible les a
t'il cachées fous vn muid ; ne fe
fouenant pas de la deffence de
l'Euangile dont il a oublié la me-
ditation depuis qu'il s'eft laiffé
emporter au rauiffement de fes

belles imaginations. Il me per-
mettra au moins de luy dire la
mienne, que ie trouue fondée en
bonne logique. Le jeu est le plus
grand obstacle, dit-il, que les Dames ayent pour leur salut, donc
le Ieu est plus desagreable à Dieu
que tous les pechez mortels. Ou
bien les Dames ne pechent point
mortellement, le premier est ridicule, & le second posé, laisse
indubitable ceste autre conse-
quence, donc les Dames sont en
voye de damnation, encore qu'elles ne commettent point de peché mortel. Ie ne croy pas que ces
deux maximes soient trouuées
de bon aloy par aucun Casuiste.
Mais il faut respondre plus parti-

culierement à tout le liure, & ſui-
ure le meſme ordre pour le refu-
ſer, qu'il s'eſt propoſé pour eſta-
blir ſa doctrine.

QVESTION CHRESTIENNE
touchant le Ieu, en faueur des Dames
de Paris.

Sçauoir ſi vne perſonne adonnée au Ieu ſi
peut ſauuer, & principalement les
femmes.

IE reſpondrois volontiers à ceſte queſtion par vne autre, ſçauoir ſi vn homme qui a le ſens commun peut
mettre cela en queſtion ? ſans
doubte quelque accés de phre-
naiſies agitoit noſtre nouueau
Docteur, lors qu'il a laiſſé couler

cela de ſa plume. Quand bien le
lieu ſeroit vn côſommé de tous les
pechez enſemble , ne ſeroit-ce
pas là vne propoſition impie,
voire meſmes heretique : de dire
qu'vn pecheur pour longue ha-
bitude qu'il ait au peché, ne peut
eſtre ſauué ? Ceſte doctrine s'ac-
corde mal auec ce que Dieu nous
enſeigne ; que dés que le pecheur
ſe retournera à luy parla contri-
tion : il ne ſe ſouuiendra plus de
ſes iniquitez. Et le Prophete
Royal paſſe bien plusauant quand
il parle ainſi, I'ay dit en moy-meſ-
me ie confeſſeray mon iniuſtice
au Seigneur, & au meſme temps,
o grand Dieu tu m'as remis l'im-
pieté de mon peché , auſſi l'Au-

theur mefme femble t'il en eftre
honteux , & dans le dialogue
qu'il fuppofe pour fonder le
corps de fon difcours, il figure des
Dames ; qui à peine fongent à
Dieu, qui ne s'occupent qu'à con-
tenter leur fenfualité , & qui par
la difpenfation des heures du iour
diuifées à fa mode, en donnent
vne partie au Ieu. Il faict en fuitte
vne puiffante anthiteze des mortifications de la chair auec les delices , & conclud, que fi les Car-
melines font fauuées dans leurs
aufteritez ; les Dames de Paris
font en probable danger de damnation, parce qu'elles iouent. Ie
ne veux pas nier que le chemin de
Paradis n'aye plus d'épines que
de

de roses ; Mais si faut-il auoüer qu'il y a des gens que le cilice n'empeschera pas d'aller en Enfer non plus que les broderies n'empescheront pas d'autres d'aller au Ciel. Les mortifications que Dieu demande de nous sont celles de l'esprit pluftost que celles du corps, tefmoin le dire de l'Apoftre, quand ie liureray mon corps pour eftre bruflé, si la charité me manque ie ne fuis rien qu'vne cymbale fonnante. Et s'il dit qu'il chaftie fon corps & le reduit en feruitude de peur qu'il ne deuienne vn reprouué tandis qu'il presche aux autres la voye de Salut, cela n'empesche pas qu'il n'ordonne en vn autre endroit de

B

faire honneur au corps & le traiter doucement; de forte qu'il faut
voir le but qu'il fe propofe, qui
eft de rendre la partie fuperieure
la maiftreffe, & d'affujettir le ter-
reftre à cefte fubftance épurée
qui eft noftre ame immortelle, &
creée, pour iouïr de la beatitude,
& confiderer pluftoft la fin de S.
Paul, que les moyens qu'il tient
pour y paruenir, ou qu'il pratique par vn grand excés de deuotion, comme degrez d'vne plus
grande perfection; vtiles, mais
non pas neceffaires pour monter
au Ciel : & en vn mot pluftoft
confeils que preceptes Euangeliques. Mais il arriue bien fouuent
que l'on s'egare dans le chemin

de la deuotion , & que l'on con-
sidere les moyens comme la fin :
moyens dis-ie qui ne sont pas vni-
ques encore qu'ils soient plus
asseurez.   C'est pourquoy ce
grand Philosophe moral disoit
fort à propos pour ce suiet, que
le vray secret pour bien viure sans
s'esloigner de la vertu qui doit de-
meurer balancé eentre les deux
extrémes, estoit d'vser des vaisselles de terre , comme si elles
estoient d'or , & des vaisselles
d'or comme si elles estoient de
terre : Mais au reste que c'est vne
marque de foiblesse d'esprit de ne
pouuoir s'ouffrir les richesses; ad-
iouftez-y si vous voulez, & le refte des douceurs & diuertissemẽs

de la vie, comme le Ieu & autres choſes ſemblables. La pauureté Euangelique ſe trouue dans la court, & parmy l'opulence dè ceux qui ſçauent détacher leurs cœurs de ces obiets qui en lient tant d'autres. Et cette richeſſe qui rencontre autant de difficulté d'aller en Paradis qu'vn chable à paſſer dans le trou d'vne aiguille, ſe cache ſous le froc d'vn moyne, & dans les plus auſteres religions, quand la paſſion de ceux qui font profeſſion d'auoir quitté le monde, ſouhaitte auec impatience les choſes auſquelles elle ſemble auoir renoncé, & que touſiours elle deuore par deſir.

Mais noſtre cenſeur n'eſt pas

mal plaisant : car pour faire du
Ieu , le plus énorme de tous les
crimes , il presuppose qu'vne
Dame qui Ioüe abandonne le
soin de sa famille,qu'elle ne dõne
iamais l'aumosne, quelle se ruine,
qu'elle deuient orgueilleuse,qu'elle se met en probable peril de
perdre sa pudicité, qu'elle ne prie
Dieu que par maniere d'acquict,
& qu'elle ne songe à sa conscience
que par forme, & plustost par
coustume que par sentiment de
Religion. A la verité la saulce est
plus dangereuse que le poisson,&
s'il nous peut preuuer que le Ieu
soit necessairement accompagné
de toute cette belle suitte,ie seray
le premier à crier contre celles

dont i'entreprends la Deffence. Mais s'il se void au contraire que ce sont Dames de qualité, qui tous les iours font ressentir les pauures de leurs liberalitez, dont la chasteté est reconnuë de tout le monde, aussi bien que la pieté, qui viuent dans la modestie Chrestienne, dont les familles sont tres bien reiglées, & qui ne iouënt que par recreation & par diuertissement; ie suis trompé s'il ne se trouue fort loin de conte; & si le Ieu qu'il represente si horrible ne passe pour la Corneille d'Horace, qui ayant rendu toutes ses plumes empruntées ne sera à la fin en soy-mesme rien moins que ce pourquoy il le veut faire passer.

Ieluy demanderois volontiers s'il
a si peu de connoissance comme
il dit de tout le sexe, par quelle
voye il conduit nos Dames iusques a leur d'es-habiller ? si c'est
par magie, ou par reuelation qu'il
connoist non seulement leurs
actions, mais encor leurs pensées?
& s'il en est mal informé qu'elle
demãgaison d'escrire luy fait parler de ce qu'il ne sçait pas ? a t'il
peur que les pots de beurre de-
meurent sans couuerture cet
hiuer, ou les espices sans cornets
s'il se dispensoit de broüiller du
papier si mal a propos ? Il a eu
tort s'il s'est imaginé que la cause
des Dames demeurast sans deffence, elles ont cent meilleures

plumes que la miéne à leur serui-
ce, qu'autre consideration n'a ar-
restées sinon le peu de cas qu'elles
ont fait de si foibles raisons. Les
Naturalistes disent que le Renard
Marin a cette proprieté qu'apres
auoir auallé l'hameçon il se re-
tourne sans dessus dessous comme vn manchon & que par ce
moyen il se tire des mains du
pescheur, si noftre escriuain ne
trouue ce segret pour se sauuer
il court fortune que ma ligne l'at-
tirera sur le riuage & qu'il aura
peine de s'en démesler.

Responce au second Article.

IE ne doute point que les Dames depuis qu'elles Ioüent

n'ayent eu des diſtractionſen leur prieres, auſſi ont bien eu les Capucins & les Feuillans depuis qu'ils ont faict profeſſion de la vie Monaſtique. Tirez de là vne meſme conſequence,donc le Ieu, donc la vie Religieuſe, ſont blamables. Qui vous à dit pourſuit noſtre Cenſure que telles penſées, n'ont pas eſté volontaires? Ie luy reſpons tout de meſme,& qui vous à dit qu'ells l'ont eſté? Qui vous à dit qu'eſtant volõtaires elles n'ont pas eſté iuſqu'au peché mortel? Et qui vous à dit auſſi qu'elles y ont eſté? leur auez vous donné vn poſtillon pour les conduire, qui vous rapporte certificat du lieu où elles ſont arriuées?

Ou iugez vous, fur vn peut-eftre
de la confcience d'autruy ? Vous
auez tort au refte de tourner cō-
tre les Dames vertueufes vne malediction donné dans le Pfeaume
au pecheur endurcy, & de dire
que leur oraifon leur tournera a
peché. Attendez que vous ayez
des patentes verifiées dans le Paradis pour iuger du raport qu'il y
doit auoir du cœur auec les leu-
res ; & confeffez a tout le moins
que cela eft bien efloigné du Ieu
qui eft le principal fondement de
voftre inuectiue. Vous faites en
cela cōme les Empereurs Payens
du temps de la perfecution fai-
foient couurir les Chreftiens de
peaux de beftes : a fin de les faire
deuorer aux chiens.

POurueu qu'il me soit permis à la façon de ce nouueau Casuiste de supposer la certitude d'vne proposition, ie tireray de belles consequence. Voicy comme il raisonnes. Les prieres des Dames sont pleines de distractions volontaires, & qui vont iusques au peché mortel, durant la messe elles ne songent point à prier Dieu : mais à faire des parties pour ioüer, leurs entretiens ne sont que de leurs gains, & de leurs pertes : & le tout a dessain d'en tirer vanité : c'est vn sacrilege punissable, & vaudroit mieux qu'elles n'allassent iamais à

la meſſe. Ie diray tout de meſme
auec vne verité fondée ſur vne
ſuppoſition qui a bien plus de
probabilité , l'Autheur du liure
que ie refute , ſous pretexte de
deuotion fait vn Paſquin , & ſa
charité n'a autre but que la médi-
ſance ; feroit-il pas mieux de de-
tracter ſimplement de ſon prochain que d'appeller Dieu à teſ-
moin de ſes calomnies ? L'vne &
l'autre conſequence ſera bonne ſi
l'on me veut paſſer pour auerée
la premiere propoſition. Et ie
prie le Lecteur de conſiderer
que touſiours la concluſion qu'il
tire contre le Ieu, ne regarde iamais rien moins que le Ieu. Teſ-
moin celle cy qui conclud contre

le sacrilege & le scandale qui peuuent proceder de cent autres causes plus probablement que du ieu.

Responce au quatriesme & cinquiesme Article.

LA responce faicte au troisiesme article seruira pour le quatriesme & cinquiesme, puisque la consequēce que nostre aduersaire tire contre les Dames est fondeée sur ceste belle maxime, (dont la preuue est dans son imagination) que les Dames qui ioüent prophanent les Festes, & mesme le iour de la Communion, & qu'elles ne vont iamais à Ves. pres , & le tout par mespris & auec scandale du voisinage. I'auoüe qu'il a l'imagination bien

forte : mais ie suis trompé si dans
les Escholes, l'ors qu'on luy nie-
roit ces propositions , la preuue
seroit valable de dire , ie me l'ima-
gine; S'il n'allegoit l'exemple de
Gallus Vibius qui employa telle-
ment la force de son esprit à considerer les mouuemens de la folie
qu'il deuint fol luy mesme; ou
celuy de Cyppus d'Italie qui
songea si profondement la nuict
a vn combat de Taureaux , qu'il
auoit veu le iour precedent; que
par la force de l'imagination les
cornes luy en vinrent à la teste.

Responce à l'article sixiesme.

NOstre escriuain se figure les
Damesqu'il veut scandaliser

pluſtoſt qu'ediffier , auec vn Ieu de cartes perpetuellement en leurs mains , & ie ne ſçay pas encor s'il les diſpences d'en auoir ſous le cheuet de leur lict en dormans. Il veut qu'elles negligent les Sermõs, cõme ſi elles n'en auoiẽt iamais ouy, ou bien que l'on preſchaſt à toutes les heures du iour, qu'elles fuſſent obligées ſous peine de damnation, d'aſſiſter à tous les Sermons qui ſe font dans Paris, ou que le Ieu fut vn Quinola (pour en parler en termes proportionnez au ſuiet) qui ſeruiſt à tout ce qu'il luy plaiſt. Ie penſe qu'il fera du Ieu comme celuy qui preſſéa l'article de la mort, de pardonner à ſes ennemis , dit

qu'il pardonnoient de bon cœur
à tout le monde , excepté aux
sillons de Brie. Mais n'onobstant
l'émotion de sa bile , il me per-
mettra de dire que ioüer quelque
fois , & mespriser la parolle de
Dieu , voire Dieu mesme ont
beaucoup de difference, quelque
chose que ce bon Seigneur-là
nous veuille persuader.

Responce au septiesme Article.

I'Auouë que l'on ne donne pas
aux pauures l'argent que l'on
pert au Ieu : mais on leur donne
souuent & plus liberalement celuy que l'on y a gaigné. Le Ieu
que iouënt les Dames dont vous
parlez ne les reduit pas en neces-
sité

sité de ne point donner l'aumoí-
ne. Il eſt vray qu'elles feroient
mieux de donner leur argent aux
pauures que de le ioüer : auſſi fe-
roient-elles encor mieux de ven-
dre tout leur bié & de l'employer
à tirer les autres de la mendicité
en s'y reduiſant elles meſmes:
mais ces conſeils Euangeliques
n'obligent pas à peché mortel
quand on ne les ſuit pas. Où auez
vous trouué dans l'Euangile que
l'on ne puiſſe employer quelques
ſommes moderees à ce qui n'of-
fence , ny Dieu , ny le prochain?
Sy vous ſçauez des ſecrets pour
le ſalut ſi abſolument neceſſaires,
& iuſques icy incognus aux hommes , vous meritez vne grande

C

loüange de nous les reueler : mais comme il ne se faut pas dispenser des preceptes de la Loy Diuine, aussi ne faut-il pas en forger à nostre poste, & les faire passer pour reuelations, de peur de tomber en ceste malediction de l'Escriture. Malheur sur vous autres, qui appellez le bien, mal, & le mal, bien. Vous estes trop austere de vouloir rendre les Dames responsables des insolences, maledictions, & blasphemes des paures. Vous pouriez tout de mesme leur imputer la prise de Ierusalem, & l'éclipse de la Lune, à cause qu'elles ne les ont pas empeschées.

VOus auez vn estrange zele qui vous faict dire qu'il vau-droit mieux que les Dames qui ioüent n'euffent point d'enfans. Ce dilefme eft fort beau, ou elles les abandonnent , ou elles leur donnent de mauuais exemples en les menant auec elles. Premiere-ment ie maintiens que l'exemple n'eft point mauuais par les rai-fons fufdites. Secõdement qu'en-tre abandonner leurs enfans, & les mener auec foy il y a encor vn milieu , qui eft, de les com-metre à la garde d'vn precepteur où d'vne gouuernante qui en prenne le foin. De mefme vous diriez de deux choses l'vne , ou vous donnez la mamelle à vos petits enfans, ou vous les laissez mourir de faim, comme s'il n'y auoit pas encore vn milieu , qui est de leur donner vne Nourrice?

Responce au neufiesme & dixiesme Article.

D'Ou tirez vous ceste conse-quence , qu'vne maistresse, parce qu'elle jouë neglige le salut de ses valets, & que partant elle est cause des sales parolles d'vn lacquais, de l'iurognerie d'vn co-cher , & de l'impudicité d'vne seruante ? si c'est à cause qu'elle ne les void pas durant qu'elle iouë, il faut que vous l'obligiez à les couuer tousiours des yeux comme vne tortuë, ou que vous confessiez que l'on peut faire le mesme argument des Dames qui passeroient les iours en prieres; car tandis qu'elles prient, vn mesme deffaut leur peut estre imputé. De dire qu'on met en fantaisie aux valets qu'ils doiuent passer leur temps aussi bien que leurs maistresses, pouruue que ce soit de la mesme sorte, la chose ne sera pas si noire, ny si criminelle, que vous nous la faites. Et cet exemple des Prouinces que vous nous alleguez ne s'appelle pas vn scandale public comme vous le qualifiez; outre que le Ieu de nos Dames n'est pas vn article de la

C iij

Gazette pour le publier par tout
le Royaume. L'oiſiueté & la fe-
neantiſe porteroient peut-eſtre
les femmes à de plus grands maux
& plus dangereux, dont ceſte oc-
cupation les diuertiſt.

Reſponce au 11. 12. & 13. article.

NE vous tourmentez point à
nous prouuer la ſain-cteté
du Mariage, nous en ſommes
d'accord : mais non pas de voſtre
ridicule ſuppoſition que le Ieu
dont eſt queſtion met les Dames
mal auec leurs maris, auez vous
eſté employé pour en reconci-
lier quelqu'vne ſur ce ſujet ? Voſtre objection ne merite pas de
reſponce : mais elle auroit beſoin

d'vne preuue que vous ne trouuerez jamais que dans voſtre cer-
uelle. L'on dit que nos Anciens
Druides eſtoient gardiens de la
Iuſtice , & que leur premier Pre-
ſident portoit au col vne Pierre
precieuſe ou eſtoit graué la verité. Enqueſtez vous de leurs ſuc-
ceſſeurs ſi quelqu'vn ne vous
pourroit point ayder de ceſt ad-
mirable cachet vous en auez beſoin, ne negligez pas mon aduis.

Ce pauure qui eſt cauſe par
ſon mauuais exemple que les
vefues dittes vous ſont moins re-
tirées , qu'elles ne vacquent pas
aux prieres , & qu'elles viuent
dans plus de delices contre le con-
ſeil de l'Apoſtre. Pourquoy ie

vous prie le Ieu plustost que les promenades, que les assemblées, ou que les côuersations? & pourquoy plustost ruine-t'il la chasteté que toutes ces occasions qui donnent lieu à la familiarité? Car ce n'est pas le Ieu qui fait ouurir la gorge, ou s'habiller plus mondainement, cela n'a rien de commun auec le Ieu, non plus qu'auec les eaux de forges. Ne seroit-ce point que vo° ayez fait autresfois quelque notable perte au Ieu qui vous oblige à vous vanger de luy, aux despens de qui il appartiĕdra: ou que vous ayez cette folie particuliere qui vous represente toute sorte de maux sous l'espece du Ieu, comme celuy qui s'i-

maginoit que toute chofe fen-
toient le populeon à caufe de l'im-
preffion que cette drogue appli-
quée fur fon front auoit faite
dans fon ceruéau mal tymbré. Les
collations que vous blâmez tant
ne font pas vn accident infepara-
ble du Ieu ; de plus vous mefme
conuenez qu'elles ne peuuent
eftre cenfurées que par la profu-
fion , qui vous à dit qu'elles fe
facent auec fuperfluité ? vous
eftes encor mal informé de dire
que ceux qui les donnent font
cefte defpence à mauuaife intention. Si quelquesfois l'on fait
des collations ce font les Dames
propres chez qui l'on s'affemble
qui les donnent , & non pas des

43

hommes ; partant voila voſtre
edifice ſappé par le fondement, &
preſt à tomber ſi vous ne l'eſtayez
mieux.

Reſponce au quatorZieſme article.

CE que ie trouue de plus con-
ſiderable eſt le paſſage de S.
Chryſtome que vous mettez en
auant contre le Ieu; car nous de-
nons vne extreme reuerence à la
Saincteté des Peres de l'Egliſe;
mais ce grand perſonnage ne parle pas d'vn petit Ieu de conuerſa-
tion comme celuy dont nous
traittons. Il parle de ces ieux où
l'on ruine les familles, où l'on au-
thoriſe les blaſphemes, & dont la
licence effrenée porte les eſprits

à toutes sortes de crimes pour re-
couurer de l'argent : De plus il
faut considerer que le grand zele
emporte quelque fois ces ames
espurées de l'Antiquité au delà
mesme des bornes qu'ils se sont
proposées, tesmoin quand sainct
Hierosme dit à ceux que leurs
peres empeschent d'entrer dans
les Monasteres. Vous me direz
que voste pere se couche sur le
sueil de la porte pour vous em-
pescher le passage. Passez luy sur
le ventre, foulez le aux pieds, c'est
vne espece de pieté que de se mõ-
strer cruel en ce rencontre. Il ne
faut pas tousiours prédre les exa-
gerations de Rethorique au pied
de la lettre. Et ie ne sçaurois m'i-

maginer que vous croyez ce que vous dittes, qu'vne Dame qui iouë peche en orgueil, en auarice, & en pareffe, & que les Dames fe damnét fi elles ne quittent le Ieu, vous feriez trop bon marché du falut d'vne ame pour lequel noftre Seigneur à refpandu fon fang fi liberalement.

Refponce à l'article 15. *&* 16.

IL paroift à voftre citation que c'eft depuis peu que vous eftudiez aux loix, la façon dont vous les alleguez vous fait paffer pour vn efcolier nouueau: quand vous citez le Digefte, liure 11. tit. 5. Vn meilleur Iurifconfulte euft mis 1. ou *l. ait prǽcor* ou *toto titulo ff. de alea-*

ioribus. Ceux qui ont esté aux Vni-
uersitez vous feront mieux ce reproche que moy , ioinct que le
tiltre est des ioüeurs de dez , &
des ioueurs auec scandale, & pro-
fusion. Et cõme vous diriez des
academies de Ieu deffenduës par
le Preteur, cõme elles pourroient
estre maintenant par le Lieute-
nant Ciuil qui impose des peines
aux ioüeurs de ceste sorte, & à
ceux qui leur prestent leurs mai-
sons à cause qu'ils authorisent les
desbauches publiques , & facili-
tent la ruïne des familles ; ce qui
n'a que faire auec vostre obie-
ction, non plus que si i'argumen-
tois de la deffence de l'yurongne-
rie, & de la crapule , & que de la

ie tiraſſe vne conſequence que
c'eſt vn grand peché de faire bonne chere à ſes amis , la difference
eſtant euidente entre l'vn, & l'autre. L'argument de la deffence
imaginaire que vous mettez en
auant des loix diuines contre le
Ieu eſt encor tiré par les cheueux.
Le Concile de Sens dittes-vous
deffend aux gens d'Egliſe de voir
ioüer, ny d'eſtre fauteurs du Ieu,
n'eſt-il pas vray que ce n'eſt pas
du Ieu de recreation comme celuy de nos Dames : mais d'vn Ieu
de débauche, de ſcandale, & rui-
neux comme celuy contre lequel
les loix Romaines ont eſté ſi ſeue-
res ? outre que ceux qui doiuent
ſeruir d'exemple aux autres, eſtre

graues, occupez tousiours à choses serieuses, & ne se doiuent pas
amuser à rien qui puisse auoir de
l'indecence auec leur profession.
Sainct Paul à ce tiltre deffend de
manger de la chair, & ordonne
de s'en abstenir à iamais si cela
blesse l'infirmité de quelqu'vn de
nos freres, encor que la chose de
soy ne soit peché. Les Prestres
pour la raison de la seule indecence s'abstiennent de ioüer à la paul-
me bien que l'exercice en soit
loüable; & le Droict Canon leur
deffend la chasse qui de soy n'est
pas mauuaise. Il feroit beau voir
vn Chācelier, ou vn premier Pre-
sident, voltiger ou luiter? & cependant le voltiger & la luicte

font exercices honneftes aux per-
fonnes d'vne autre profeſſion. Vn
Iefuiſte, ou vn pere de l'Oratoire
auroient bonne grace à courir la
bague, encor que ceſt exercice
foit vn des plus honneſtes parmy
la Nobleſſe ?

Reſponce au dix-ſeptieſme & dernier article.

L'Argument que vous tirez
de l'hiſtoire de S. Cirille comme il a meſme fondement que les
precedens, receura auſſi meſme
reſponce: car il n'eſt pas queſtion
d'vn Ieu de diuertiſſement, mais
d'vn Ieu accompagné de toutes
les mauuaiſes circonſtances que
nous dénions abſolumét ſe trouuer en celuy des Dames que vous

accuſez

accuſez ; leſquelles ont beau ouurir les yeux auant qu'elles vous
conſiderent comme l'autheur de
leur ſalut, & le reformateur de
leurs actions. Elles rendront
cõpte à Dieu de leurs cõſciences,
& vous prient cependant de les
diſpenſer de vous dire leur con-
feſſion, iuſques à ce qu'elles ſça-
chent qu'elle authorité vous
auez de les abſoudre, & que pre-
nant vne meilleure conduite que
vous ne faites, vous leur faiſiez
naiſtre l'enuie de vous prendre
pour leur Directeur. Au reſte
vous trouuerez ceſte difference
d'application en l'exemple que
vous apportez de la Samaritaine,
que nos Dames n'ont perſonne

D

qui ſans eſtre leur mary viue auec elles en mary, que vous ne leur re-uelez nullement, ny leurs actions, ny leurs penſées, & qu'elles ſont bien eſloignées de vous faire paſ-ſer pour vn Dieu ; ſi ce n'eſt à l'i-mitation des Romains qui de-dioient des Temples à la Peur, & à la Fieure; & ie ſuis trompé ſi Dieu parle maintenant dans ce beau Libelle par voſtre bouche, ou par voſtre plume, encor qu'il aye autrefois parlé par l'aſneſſe de Balaam.

Il faut auoüer que vous auez bonne opinion de vos eſcris puis que vous pretendez auoir pour leurs garants la verité, l'Eſcritu-re, la ſimplicité & la cognoiſſance du public: ce sont quatre belles colomnes que vous couronnez du tesmoignage interieur de la conscience: mais la question est de prouuer tout cela dont iusques icy vous vous estes assez mal acquitté. L'on fait vn plaisant conte d'vn Italien qui par son testament fit des lais pieux pour plus de cent mil escus, & quand le Notaire luy demanda surquoy tout cela se prendroit, il ne luy répondit autre chose sinon, *fratel questa, è l'emportanza* ; permettez que i'applique cela à vos propositions, & ie veux bien que vous en demandant la preuue vous me respondiez tout de mesme, c'est là où gist la difficulté, ie suis assez complaisant pour m'en contéter pouruueu que vous me donniez la monnoye au prix courant, & que vous ne me fassiez pas passer le bas or d'Allemagne, pour or de Ducat.

Enfin vous estes trop charitable de faire parler les Dames sans qu'elles vous en auoüent, & de respondre pour elles sans procuration; elles ne vous demandent pas les moyens de se retirer du Ieu qu'elles ne tiennent, ny pour vice, ny pour peché. Ioint que si elles auoient volonté de s'en abstenir, elles n'auroient pas besoin de grande inuention pour cesser de faire vne action qu'elles iugeroient blasmable, elles ont assez bon entendement pour chercher d'autres diuertiſſemens de tout point innocens : elles n'y ont pas vne ſi violente paſſion que leur raiſon en ſoit troublée, & leur liberté alterée ; & ſi elles ont aſſez de crainte de Dieu pour fuïr ce qu'elles eſtimeroient luy eſtre deſagreable.

Mais dittes-moy ie vous ſupplie, ſi meſme parmy les Religieux quelquefois la compagnie d'vn amy les diſpence du ieuſne, pourquoy ne ſera-t'il pas loiſible à nos Dames de ioüer quelquefois pour entretenir la ſocieté, & pour ſe rendre plus familieres celles auec leſquelles elles cõuerſent ordinairement? Vous ſçauez que

toutes fortes de cõpagnies pour
bonnes qu'elles foient,ne reuien-
nent pas à noftre humeur , que
c'eft vne tyrãnie à quoy l'on n'o-
blige pas les confciences de nous
attacher à la familiarité de ceux
aufquels nous auõs repugnance ,
& que (le peché hors) nous ne
fommes pas obligez de nous ban-
nir des cõpagnies où nous trou-
uõs quelque forte de douceur &
de rapport à nos inclinations ; &
qu'auec cefte moderation la ciui-
lité nous oblige de nous confor-
mer aux leurs en quelque forte.
C'eft pourquoy vous ne deuez
pas trouuer eftrange fi toutes les
Dames ne peuuent aller chercher
d'vn bout de la ville à l'autre

Madame la Marquise de Me-
gnelay , elle auroit vne Court
plus grande que celle du Louure,
& se trouueroit elle mesme assie-
gée de tant de carosses qu'elle
n'auroit pas moyen de vacquer à
ses deuotions, & aux exercices
ordinaires de pieté où elle s'occupe.

Ie ne sçay quel rapport vous
trouuez, du Ieu, auec la mesdisance, si ce n'est à cause qu'il vous
donne sujet de médire des Dames. Si le Ieu est vne si violente
passion comme vous le dittes il
occupe assez l'esprit par la presen-
ce de l'objet pour ne luy pas lais-
ser le temps de s'appliquer à la
mesdisance qui ne procede que

de malice premeditée; ou de faute d'entretien, ou de certain deſir de paroiſtre de bonne compaignie. Ce que ie trouue de meilleur en voſtre Liure ſont les enſeignemens que vous donnez aux Dames pour employer toutes les heures du iour aux prieres, & aux exercices de pieté, & de charité : veritablement ſi elles n'auoient point de corps & qu'elles fuſſent comme les Anges cela ſeroit tres-bon : mais ce projet eſt vne idée comme la republique de Platon belle pour la ſpeculation & preſque impoſſible dans la pratique dont a peine voyons nous vn exemple dans vn ſiecle entier.

Ceux qui ont escrit des proprietez naturelles des pierres, disent qu'il y a de l'aymant qui attire l'or, l'argét, le cuiure, le plomb, l'estaing, l'huille, les poiſſons, & meſme la chair humaine, ie penſe que le Ieu eſt de meſme dans voſtre imagination puis qu'il attire tous les pechez mortels. Il eſt vray que ſur la fin de voſtre liure vous ne blâmez pas toutes ſortes de ieux, vôtre attaque ſe reſtraint aux ieux de hazard, & non pas encor à toutes ſortes de ieux de hazard, mais à la façõ dittes-vous qu'ils ſont pratiquez par les Dames de Paris. Si vous entendez le Ieu reueſtu de toutes les circonſtances, ie ne dits pas qui accompagnent celuy de nos Dames, mais que vous croyez en eſtre inſeparables, c'eſt à dire, de l'orgueil, de la pareſſe, de la médiſãce, de l'auarice, & de toute la belle ſuite que vous luy dõnez, noſtre different ſera bien toſt terminé, & les Dames rẽuoyées abſoultes de vos cenſures, ſauf à informer plus amplement. Ie voy bien que vous auiez deſſein de paſſer plus outre, mais vous auez honte d'aller ſi auãt, & voudriez volõtiers pouſſer deuant vous comme vn gabion pour vous couurir, l'authorité du biẽ-heureux Eueſque de Geneue qui euſt eſté plus modeſte & plus retenu que vous à fulminer ſes anathemes contre les Dames. De ſa doctrine poſée par vous meſme, l’on ne tireroit pas des conſequences ſi criminelles cóme celles que vous ſuppoſez, & bien que l’on doiue vn grand reſpect à ſes opiniõs, elles ne peuuent paſſer en tout cas que pour penſées d’vn Caſuiſte, & non pas pour article de Foy, ny pour obligatiõs qui lient la conſcience.

Voſtre per-oraiſon eſt fort enflammée & pleine de puiſſans mouuemés de Rethorique : mais i’ay peine à croire (& vous ſeriez bien eloquent, ſi vous me le pouuiez perſuader quand bien vous en iureriez) que la cóſeruation de la France, la reſtauration de l’Eſtat, le bien de la Religion, l’extir-

pation de l'herefie , du libertina-
ge, & de l'atheïfme dépendent
de l'abolition du Ieu. Sans doute
voftre zele vous emporte comme ces cheuaux que la bride ny le
caueçon ne peuuét plus arrefter
depuis qu'vne fois ils ont la bouche efchauffée. Auez-vous fait
imprimer cefte propofition fans
rire , qu'vne des plus grádes mar-
ques de la reprobatió de nos Dames, c'eft fi apres vos remóftran-
ces elles ne perdent point la volonté de iouër? vos difcours font
ils des reuelations Diuines , auf-
quelles la refiftance porte vn Ar-
reft de damnation eternelle? eft-
ce là ce peché contre le S. Efprit,
qui ne ce remet ny en ce monde,

ny en l'autre, dont l'intelligence
à tant trauaillé S. Augustin? C'est
dommage que vous n'estes venu
de son temps pour le releuer de
ceste peine, & luy donner ceste
lumiere que vous auez trouué
auec tant de facilité. Nous sui-
urons vostre conseil en vn seul
poinct, c'est que nous cherche-
rons en d'autres escrits ce qui seroit à desirer dans le vostre qui est
beaucoup, cependant vous aurez
acte de vostre bonne volonté
que nous estimons plus que l'ef-
fect, & ferions volontiers le iu-
gemét de vostre ouurage tel que
fait S. Hierosme de celuy de Victorinus martyr.

Victorino Martyri quàmquam in libris desit eruditio numquam tamen defuit eruditionis voluntas.

Bien que les liures de Victorinus Martyr témoignent peu de science, si est-qu'il à tousiours eu bonne enuie d'estre sçauant.

FIN.

9 782329 683058